Os 46 Presidentes dos Estados Unidos

Suas Histórias, Conquistas e Legados: De George Washington a Joe Biden (E.U.A. Livro Biográfico para Jovens e Adultos)

Por Student Press Books

Tabela de conteúdo

Introdução

Conheça os 46 presidentes dos EUA - biografias voltadas para as idades de 12 anos ou mais.

Esta é a edição curta, que apresenta os perfis resumidos de cada presidente. Confira a edição ampliada (600 páginas) do livro para os perfis completos dos presidentes!

Bem-vindo à série Líderes Mundiais que, neste livro, apresenta todos os 46 presidentes dos Estados Unidos. Leia as biografias inspiradoras de todos os homens corajosos que se atreveram a governar a América!

Este livro é verdadeiro e informativo, destaca os traços mais importantes dos presidentes americanos, a decisão de concorrer ao cargo, além de seus sucessos e fracassos.

Este livro lhe ensinará tudo sobre os presidentes americanos, incluindo suas histórias e realizações, de George Washington a Joe Biden. Você também aprenderá alguns fatos pouco conhecidos sobre eles!

Você vai adorar aprender sobre esses homens corajosos que ousaram ser presidentes dos Estados Unidos.

Este livro da série da Líderes Mundiais inclui:

- Biografias fascinantes - Leia sobre a vida dos 46 presidentes americanos e suas realizações.
- Retratos vívidos - Atraia estes presidentes americanos para a vida em sua imaginação com a ajuda de ilustrações estimulantes.

Sobre a série: A série Líderes Mundiais da Editora Student Press Books apresenta novas perspectivas sobre os presidentes dos Estados Unidos que inspirarão os jovens leitores a considerar seu lugar na sociedade e aprender sobre política e história.

Os 46 Presidentes da América vão além de outros livros de biografia e destacam informações que outros livros deixam de fora. Quem é seu presidente americano favorito?

Seu Presente

Você tem um livro em suas mãos.

Não é um livro qualquer, é um livro de livros para a imprensa estudantil! Nós escrevemos sobre os heróis negros, a capacitação das mulheres, mitologia, filosofia, história, e outros assuntos interessantes!

Desde que você comprou um livro, queremos que você tenha outro de graça.

Tudo o que você precisa é um endereço de e-mail e a possibilidade de assinar nossa newsletter (o que significa que você pode cancelar a inscrição a qualquer momento).

Então, do que você está esperando? Inscreva-se hoje e reclame seu livro gratuito imediatamente! Tudo o que você precisa fazer é visitar o link abaixo e digitar seu endereço de e-mail. Você receberá o link para baixar a versão em PDF do livro imediatamente para que possa ser lido offline a qualquer momento.

E não se preocupe - não há taxas de captura ou escondidas; apenas um bom brinde à moda antiga de nós aqui na Student Press Books.

Visite este link agora mesmo e inscreva-se para receber seu exemplar gratuito de um de nossos livros!

Link: https://campsite.bio/studentpressbooks

1. George Washington (1789-1797)

Partido não filiado | Vice-presidente: John Adams

"É melhor estar sozinho do que em má companhia".

Muitos presidentes dos Estados Unidos foram homenageados por suas grandes realizações, e as realizações de George Washington o distinguiram como o Pai de seu País. Washington foi comandante-chefe do Exército Continental durante a Revolução Americana, presidente da convenção que redigiu a Constituição dos Estados Unidos, e o primeiro presidente dos Estados Unidos.

Washington liderou o povo que transformou os Estados Unidos de uma colônia britânica em uma nação autogovernada. Seus ideais de liberdade e democracia estabeleceram um padrão para os futuros presidentes e para todo o país.

2. John Adams (1797-1801)

Partido federalista | Vice-presidente: Thomas Jefferson

"Tudo na vida deve ser feito com reflexão".

Como primeiro vice-presidente e segundo presidente dos Estados Unidos, John Adams foi um dos pais fundadores da nova nação. Adams foi delegado do Congresso Continental de 1774 a 1777 e um dos dois únicos presidentes cuja assinatura aparece na Declaração de Independência. Adams também participou da negociação do Tratado de Paris de 1783 que pôs fim à Revolução Americana.

John Adams aplicou suas habilidades especializadas em política externa para assegurar a diplomacia com a Grã-Bretanha após a Revolução Americana e para evitar uma guerra potencial com a França durante sua presidência. Adams foi vice-presidente de George Washington de 1789 a 1797 e depois sucedeu Washington como presidente, servindo de 1797 a 1801. Durante seu mandato, Adams liderou o país, defendendo os valores de liberdade e democracia estabelecidos na Constituição dos Estados Unidos.

3. Thomas Jefferson (1801-1809)

Partido Democrata-Republicano | Vice-Presidentes: Aaron Burr e George Clinton

"Se você quer algo que nunca teve, deve estar disposto a fazer algo que nunca fez".

O autor da Declaração de Independência em 1776, Thomas Jefferson, foi mais tarde o terceiro presidente dos Estados Unidos, servindo entre 1801 e 1809. Durante sua presidência, o território dos Estados Unidos dobrou com a compra da Louisiana. Para investigar a vastidão desta terra recém-adquirida no Ocidente, ele despachou dois dos mais famosos exploradores da história dos EUA, Meriwether Lewis e William Clark, para abrir uma trilha através das Montanhas Rochosas até o Oceano Pacífico. Na primeira guerra no exterior na história dos EUA, Thomas Jefferson enviou forças militares para o Mar Mediterrâneo para esmagar as ameaças de pirataria de Trípoli.

Thomas Jefferson entrou na arena política em 1769 como um legislador do estado da Virgínia. De 1775 a 1801 ele ocupou vários cargos públicos notáveis, incluindo delegado do Congresso Continental, governador da Virgínia, secretário de estado dos Estados Unidos e vice-presidente dos Estados Unidos. Seu tempo em Paris durante a década de 1780 como embaixador dos Estados Unidos na França gerou mais controvérsia sobre sua vida pessoal do que qualquer conquista nas relações exteriores.

Thomas Jefferson, que possuía escravos, convocou Sally Hemings, uma mulher escravizada, de sua casa para Paris. Seu suposto relacionamento desencadeou um debate sobre se ele era pai de alguns de seus filhos, um debate que persistiu muito depois de sua morte.

Thomas Jefferson iniciou a educação pública gratuita e a separação da igreja e do estado na Virgínia; essas iniciativas foram as pedras angulares para reformas semelhantes em todo o país. Como ativista pelos direitos dos estados, Jefferson fundou o Partido Republicano (mais tarde o Partido Democrata Republicano) para lutar contra os ideais federalistas de um governo federal poderoso. Pai Fundador de seu país, Jefferson inspirou um sentimento de orgulho nacionalista para os Estados Unidos, baseado na liberdade e nos direitos humanos.

4. James Madison (1809-1817)

Partido Democrata-Republicano | Vice-Presidentes: George Clinton e Elbridge Gerry

"Leis iguais que protegem direitos iguais... a melhor garantia de lealdade e amor ao país".

O Pai da Constituição, James Madison foi o quarto presidente dos Estados Unidos, servindo de 1809 a 1817. Sucessor de Thomas Jefferson como presidente, Madison foi confrontado com as ameaças navais britânicas no exterior e com os nativos americanos hostis agitados pelo ressentimento britânico dos Estados Unidos. Estes fatores contribuíram para a Guerra de 1812 contra a Grã-Bretanha. Embora terminando em um impasse, a guerra estabeleceu James Madison como um distinto líder de seu país. Ele alcançou prestígio e glória nacional sem "infringir um direito político, civil ou religioso".

James Madison foi inspirado pelos ideais de Jefferson durante a convenção da Virgínia em 1776, onde desenvolveram uma constituição estadual. Os dois estadistas defenderam reformas religiosas e de educação pública na Virgínia que acabaram sendo adotadas em outros estados e no governo federal.

Na Convenção Constitucional de 1787, James Madison desempenhou um papel fundamental na elaboração da Constituição dos Estados Unidos. Ela se tornou a base para a liberdade e os direitos humanos disponíveis para todos os cidadãos dos EUA que foram conquistados na Revolução Americana. James Madison e Jefferson estabeleceram uma aliança política que levou ao nascimento do partido republicano, que contrariou o partido federalista que eles perceberam como parecido com a monarquia britânica.

James Madison avançou sua carreira na política nacional como membro da Câmara dos Deputados dos Estados Unidos de 1789 a 1797. Na Câmara, ele garantiu a idéia de Jefferson de incluir a Carta de Direitos na Constituição. Como Secretário de Estado dos EUA no Gabinete do Presidente Jefferson, Madison lutou com a Grã-Bretanha e a França sobre os direitos de neutralidade dos EUA no mar. Madison seguiu os passos de Jefferson como líder de uma nova nação que estava destinada a crescer e se tornar uma potência mundial.

5. James Monroe (1817-1825)

Partido Democrata-Republicano | Vice-Presidente: Daniel D. Tompkins

"Devemos apoiar nossos direitos ou perder nosso caráter, e com ele, talvez, nossas liberdades".

O quinto presidente dos Estados Unidos foi James Monroe, cujo feito mais celebrado durante sua administração (1817-25) foi a proposta da Doutrina Monroe, em 1823. Foi uma política histórica para a defesa da América do Norte e do Sul contra a intrusão estrangeira. Seus dois mandatos como presidente trouxeram uma crescente riqueza nacional, uma forte expansão para o oeste e um novo interesse por estradas, canais e pontes.

Um veterano da Revolução Americana e um forte crente nos princípios Jeffersonianos de governo, James Monroe tornou-se um influente líder nacional e estadual. Ele desempenhou um papel vital como embaixador dos Estados Unidos na negociação da compra da Louisiana em 1803. A falta de partidarismo abriu o caminho para um período que ficou conhecido como a "Era do Bom Sentido", que começou no início de sua presidência. Ele adquiriu o território da Flórida para os Estados Unidos em 1819, e cinco territórios americanos alcançaram a condição de estado durante sua administração, incluindo Mississippi (1817), Illinois (1818), e Alabama (1819). Maine (1820) e Missouri (1821) foram admitidos após amargas controvérsias no Congresso a respeito da escravidão. James Monroe foi o último presidente da "Dinastia Virgínia" durante o período revolucionário na história dos Estados Unidos.

6. John Quincy Adams (1825-1892)

Partido Democrata-Republicano e Partido Republicano Nacional | Vice-Presidente: John C. Calhoun

"Tente e falhe, mas não deixe de tentar".

Filho mais velho de John Adams, o segundo presidente dos Estados Unidos, John Quincy Adams seguiu os passos de seu pai para servir como sexto presidente dos Estados Unidos, de 1825 a 1829. O mais jovem Adams conseguiu muito poucos de seus planos de melhorias dentro do país.

Desde o início de sua presidência, ele enfrentou o escrutínio impiedoso de seu adversário político, Andrew Jackson, que alegou que uma "barganha corrupta" deu a John Quincy Adams a vantagem na eleição de 1824. A incapacidade de superar as críticas mordazes dos seguidores de Jackson, combinada com a aprovação de uma tarifa (ou imposto) de proteção elevada em 1828, impediu Adams de ganhar um segundo mandato.

John Quincy Adams dedicou sua carreira ao serviço de seu país. Como diplomata estrangeiro, ele liderou a delegação dos EUA durante o Tratado de Gand que terminou a Guerra de 1812. Adams também ajudou a negociar a aquisição da Flórida da Espanha e comprometeu-se com a Grã-Bretanha para território no noroeste. Sua contribuição à Doutrina Monroe em 1823 durante seu mandato como secretário de Estado dos EUA forneceu uma base sólida para a política externa dos EUA.

Após sua presidência, John Quincy Adams serviu na Câmara dos Deputados durante os últimos 17 anos de sua vida, esforçando-se para limitar a expansão da escravidão nos Estados Unidos. Apesar das lutas pessoais e políticas ao longo de sua vida, Adams lutou diligentemente pela preservação da liberdade e do bem-estar da nação.

7. Andrew Jackson (1829-1837)

Partido Democrata | Vice-Presidentes: John C. Calhoun e Martin Van Buren

"Nunca se aconselhe de seus medos".

Com um humilde histórico político, Andrew Jackson introduziu um novo tipo de democracia no país quando se tornou o sétimo presidente dos Estados Unidos, em 1829. Ao invés de ganhar uma eleição através do tradicional apoio de um partido político forte, Andrew Jackson triunfou por um apelo direto à massa de eleitores. Ele foi o primeiro presidente americano da região oeste dos Apalaches e trouxe uma nova abordagem à política em Washington, D.C. Seu movimento em defesa da democracia popular e do homem comum ficou conhecido como a Democracia Jacksoniana.

Com forte vontade e determinação ousada, Andrew Jackson liderou o país com o mesmo rigor com que liderou suas conquistas militares na Guerra de 1812 e na Primeira Guerra Seminole, que abriram o caminho para a anexação da Flórida pelos Estados Unidos. Sua disposição ardente exigia o respeito de seus subordinados, amigos e inimigos. Na Casa Branca, Jackson superou uma crise com a Carolina do Sul por causa da anulação (ou declaração de invalidade) de leis federais.

Andrew Jackson levou as tribos indígenas americanas para mais longe no oeste. Para eliminar a corrupção bancária, ele vetou o alvará do banco federal. Jackson também influenciou o crescimento do Partido Democrata que estimulou o renascimento da política bipartidária.

8. Martin Van Buren (1837-1841)

Partido Democrata | Vice-presidente: Richard Mentor Johnson

"É mais fácil fazer um trabalho certo do que explicar por que você não o fez".

O primeiro presidente nascido como cidadão dos Estados Unidos foi Martin Van Buren, que foi o oitavo presidente dos Estados Unidos e um dos fundadores do Partido Democrata. Antes de seu mandato em 1837-1841, os primeiros sete presidentes haviam nascido antes da assinatura da Declaração de Independência, tornando-os súditos britânicos à nascença.

Martin Van Buren entrou para a presidência em meio a uma economia nacional sofredora. Vários de seus colegas democratas culparam sua administração por não reverter o estado da economia, e muitos deles transferiram sua lealdade para o rival Partido Whig. Além disso, os democratas do Sul estavam descontentes com sua postura antiescravatura, um dos fatores que contribuíram para sua derrota para a reeleição em 1840.

Inspirado pelos princípios de Jeffersonian, Van Buren tornou-se um eminente político de Nova York antes de ascender à arena nacional - primeiro no Senado dos Estados Unidos, depois como secretário de Estado do Presidente Andrew Jackson, e mais tarde como vice-presidente de Jackson. Através da turbulenta presidência de Jackson, Martin Van Buren permaneceu leal ao homem que ele admirava como líder. Van Buren tentou seguir o exemplo de Jackson quando ele entrou na Casa Branca, em 1837.

9. William Henry Harrison (1841-1841)

Whig party | Vice-presidente: John Tyler

"Não há nada mais corruptor, nada mais destrutivo dos mais nobres e finos sentimentos de nossa natureza, do que o exercício de um poder ilimitado".

Em 4 de março de 1841, o General William Henry Harrison cavalgou com força pela Pennsylvania Avenue, em Washington, D.C., para ser empossado nono presidente dos Estados Unidos. Magro e ligeiramente inclinado, o vencedor da Batalha de Tippecanoe tinha 68 anos, o homem mais velho a ser eleito presidente no século XIX. Apenas um mês depois, em 4 de abril, William Henry Harrison morreu na Casa Branca - o primeiro presidente a morrer no cargo.

Esta tragédia, tão logo depois do triunfo, foi típica dos altos e baixos da vida de William Henry Harrison. Nascido de uma família rica, ele saiu de casa quando tinha apenas 18 anos de idade para seguir seu próprio caminho. Depois de uma longa carreira no exército americano, ele sofreu ataques políticos à sua habilidade como líder militar.

Como agricultor e empresário, William Henry Harrison passou da prosperidade para o endividamento pesado. Quando foi eleito presidente dos Estados Unidos, ele estava feliz por estar recebendo um pequeno salário como funcionário do condado. No entanto, através de toda adversidade, William Henry Harrison sempre foi um cavalheiro - bondoso, manso e forte com coragem constante.

10. John Tyler (1841-1845)

Whig party e Unaffiliated party | Vice President: Nenhum (vago)

"Tudo o que depende da ação humana é passível de abuso".

John Tyler alto e de fala mansa nunca foi esperado que fosse presidente dos Estados Unidos. Quando ele foi eleito vice-presidente em 1840, com William Henry Harrison como presidente, John Tyler era apenas um peão político. Harrison, entretanto, morreu após apenas um mês no cargo, e Tyler tornou-se presidente - o primeiro vice-presidente a suceder à presidência com a morte de um presidente.

A administração de Tyler foi tempestuosa. Pessoalmente, John Tyler era brando e gracioso. Politicamente, ele não tinha nada além de inimigos. Uma e outra vez, multidões furiosas o queimavam na efígie, mesmo à vista da Casa Branca, mas ele nunca mostrava raiva.

As opiniões sobre ele diferem muito. O Presidente Theodore Roosevelt declarou: "Tyler tem sido chamado de homem medíocre, mas isto é bajulação injustificada". Ele era um político de monumental pequenez". Antes de se tornar presidente, Woodrow Wilson disse que "a natureza e o hábito proibiam John Tyler a frank . . . unhesitating curso. . . . he não tinha iniciativa nem ousadia suficiente para a liderança".

Alguns historiadores posteriores, entretanto, dizem que seus inimigos políticos confundiram a cortesia de Tyler com a fraqueza. Admitem que ele vacilou em algumas questões, mas ressaltam que seus críticos geralmente ignoram suas realizações como presidente. Estes historiadores chamam John Tyler de um administrador capaz e clarividente, um conciliador hábil e um excelente diplomata em assuntos externos.

John Tyler levou o Congresso a reorganizar a Marinha, a estabelecer o núcleo do atual Observatório Naval e a promover um sistema telegráfico nacional - que se tornou o coração da Agência Meteorológica. A liderança de John Tyler ajudou a pôr fim às dispendiosas guerras dos índios Seminole.

Sua mediação levou ao Tratado Webster-Ashburton, que estabeleceu os limites do Maine e do Canadá. Seu julgamento calmo acabou com a Rebelião de Dorr em Rhode Island. John Tyler ajudou a negociar o tratado com a China para abrir seus portos pela primeira vez. Finalmente, em seus últimos dias como presidente, ele obteve uma resolução do Congresso para anexar o Texas.

11. James K. Polk (1845-1849)

Partido Democrata | Vice-presidente: George M. Dallas

"Nenhum presidente que desempenha suas funções fiel e conscienciosamente pode ter qualquer lazer".

"Quem é James K. Polk?" perguntaram as pessoas quando ele foi indicado para presidente pelos democratas. Foi uma pergunta razoável, pois Polk foi o primeiro candidato "cavalo escuro" -comprometido a ser nomeado.

James Polk, trabalhador, havia servido em cargos públicos durante 18 anos, apesar de sua saúde frágil. Extremamente consciente, sério e metódico, faltava-lhe a personalidade dramática que chamava a atenção do público. O anúncio de sua eleição como 11º presidente, no entanto, foi um dos mais dramáticos da história. Ele foi trazido por um mensageiro secreto em um cavalo em alta velocidade ao amanhecer. A administração de Polk, além disso, realizou várias medidas construtivas para os Estados Unidos.

Nenhum presidente estava mais consciente de sua posição e responsabilidade do que James Polk. Em seu diário particular, ele se referia frequentemente a si mesmo como "o presidente". Às seis horas da manhã, ele trabalhou bem durante a noite.

James Polk parecia sentir que todo o governo - e toda a nação - se apoderaram dele. Embora de fala mansa e cortesia incomum, Polk dominou seu Gabinete e dirigiu firmemente as relações exteriores. Alguns historiadores o depreciaram. Outros dizem que seus críticos não levam em conta suas realizações.

12. Zachary Taylor (1849-1850)

Whig party | Vice-presidente: Millard Fillmore

"Eu sempre cumpri meu dever. Estou pronto para morrer". Meu único pesar é para os amigos que deixo para trás".

O primeiro presidente dos Estados Unidos eleito após a Guerra México-América foi um herói popular dessa guerra, o General Zachary Taylor. Após 40 anos no exército, ele se tornou o primeiro homem a ocupar o mais alto cargo do país sem experiência política prévia. O maior problema que ele enfrentou foi como organizar o grande território do sudoeste adquirido do México.

A maior conquista da administração da Presidente Taylor foi em assuntos externos. Em 1850, seu secretário de Estado, John M. Clayton, organizou o Tratado Clayton-Bulwer com a Grã-Bretanha. Este acordo abriu o caminho para a construção do Canal do Panamá, meio século depois.

Em meio a uma crise nacional entre o Norte e o Sul sobre o território, Zachary Taylor morreu repentinamente em 9 de julho de 1850, apenas 16 meses após sua inauguração.

13. Millard Fillmore (1850-1853)

Whig party | Vice-presidente: Nenhum (vago)

"E uma derrota honrosa é melhor do que uma vitória desonrosa".

Em 1850, os Estados Unidos estavam próximos da guerra civil por causa dos espinhosos problemas da escravidão. Uma proposta de compromisso havia provocado a maior tempestade política da história da nação. Em meio a esta amarga luta, o presidente Zachary Taylor morreu repentinamente em 9 de julho de 1850. O vice-presidente Millard Fillmore, um chicote de Nova York, sucedeu à presidência.

Millard Fillmore trabalhou duro para garantir a aprovação de cinco medidas separadas que tratam do problema da escravidão. Este conjunto de leis, chamado de Compromisso de 1850, adiou a guerra por mais 10 anos. Ele também encerrou a carreira política de Fillmore. O Partido Whig se recusou a nomeá-lo para um segundo mandato em 1852, e Fillmore tornou-se assim o último Presidente Whig da nação.

Como os outros presidentes entre Jackson e Abraham Lincoln, Millard Fillmore não pôde ganhar um segundo mandato. Seu apoio ao Compromisso de 1850 custou-lhe o apoio de muitos líderes partidários do Norte, embora os Whigs do Sul estivessem dispostos a aceitá-lo. Em retrospectiva, percebeu-se que seu objetivo ao aceitar o compromisso era muito igual ao de Lincoln uma década depois. Ele queria preservar a União a todo custo, independentemente do resultado da questão da escravidão.

14. Franklin Pierce (1853-1857)

Partido Democrata | Vice-presidente: William R. King (Vago depois)

"Se seu passado é limitado, seu futuro é sem limites".

Em 1852, os democratas não conseguiram chegar a um acordo sobre um de seus líderes partidários para uma indicação presidencial. Eles finalmente se voltaram para um advogado pouco conhecido de New Hampshire, Franklin Pierce, como seu candidato.

Na época da eleição de Pierce, a questão da escravidão havia sido temporariamente acalmada pelo Compromisso de 1850. Quando o problema voltou de repente durante sua administração, Franklin Pierce teve pouco sucesso em lidar com ele. Suas mudanças de opinião o tornaram impopular, especialmente no Norte, e Franklin Pierce não conseguiu ganhar um segundo mandato.

15. James Buchanan (1857-1861)

Partido Democrata | Vice-presidente: John C. Breckinridge

"Seja qual for o resultado, levarei para o túmulo a consciência de que pelo menos tinha boas intenções para o meu país".

Quando James Buchanan se tornou presidente em 1857, ele tinha um recorde de 42 anos de serviço público quase contínuo. Mesmo com esta longa experiência, James Buchanan não foi um líder bem-sucedido em uma época de grande crise para os Estados Unidos.

Os problemas da escravidão tinham gradualmente dividido a nação em duas partes hostis - o Norte e o Sul. Quando seu mandato estava terminando, sete estados escravos do Sul profundo usaram o evento da eleição de Lincoln para se separarem da União. Eles criaram um governo independente, os Estados Confederados da América. Buchanan não foi capaz de impedir esta ação. O resultado foi a Guerra Civil americana, que começou durante a administração de seu sucessor, Abraham Lincoln.

A administração de James Buchanan também é conhecida pelo colapso do Partido Democrata e pela ascensão ao poder do novo partido republicano. Somente nos 24 anos seguintes, os presidentes republicanos foram eleitos.

16. Abraham Lincoln (1861-1865)

Partido Republicano e Partido da União Nacional | Vice-Presidentes: Hannibal Hamlin e Andrew Johnson

"Não sou obrigado a vencer, mas sou obrigado a ser verdadeiro". Não sou obrigado a ter sucesso, mas sou obrigado a viver de acordo com a luz que tenho".

O 16º presidente dos Estados Unidos, Abraham Lincoln, está entre os maiores estadistas americanos. Muitos historiadores também o colocam entre os maiores homens de todos os tempos. Lincoln chegou à presidência em um momento de grande crise, com o país à beira de uma guerra civil que ameaçava dividir o Norte do Sul.

Combinando seus papéis de estadista e comandante-chefe, Abraham Lincoln conduziu os exércitos federais à vitória e manteve a União unida. Ao longo do caminho, ele trouxe o fim da escravidão nos Estados Unidos.

Abraham Lincoln tornou-se um mito, assim como um homem. Além de seu papel histórico como salvador da União e Grande Emancipador dos escravos, ele tem sido celebrado por sua notável história de vida e por sua humanidade fundamental. Nascido em uma cabana de madeira na fronteira, Abraham Lincoln fez seu próprio caminho na vida para se elevar ao mais alto cargo do país.

Abraham Lincoln o fez enquanto permanecia um idealista firme que não se deixaria influenciar pelo curso de ação correto, um homem de paciência bondosa e corajosa, e um crente no que ele chamou de "a família do homem".

O legado da Lincoln é complexo, no entanto. Em seu próprio tempo, muitos sulistas acreditavam que ele era o destruidor de sua liberdade e de seu modo de vida. Hoje, alguns historiadores conservadores continuam a criticar Lincoln por usar o poder do governo nacional para pisar os direitos dos estados. No entanto, na opinião de Lincoln, a União tinha que ser preservada a todo custo. Valia a pena salvá-la não só por seu próprio bem, mas também porque encarnava um ideal, o ideal do autogoverno.

A paixão de Abraham Lincoln como porta-voz da democracia é um elemento chave do apelo único e duradouro de Lincoln - tanto para seus compatriotas quanto para as pessoas de todo o mundo.

17. Andrew Johnson (1865-1869)

Partido da União Nacional e Partido Democrata | Vice Presidente: Nenhum (vago)

"Se você sempre apóia os princípios corretos, então você nunca terá os resultados errados"!

Andrew Johnson tornou-se uma figura pública durante a maior crise da nação - a Guerra Civil Americana. Embora ele tenha vindo do estado escravo do Tennessee, Johnson recusou-se a renunciar ao cargo de senador dos Estados Unidos quando o estado se separou; em vez disso, Andrew Johnson trabalhou para preservar a União. Por seus esforços, ele ganhou a vice-presidência, tomando posse em março de 1865. Seis semanas depois, Abraham Lincoln foi assassinado e Johnson tornou-se presidente.

Em seu tempo, a administração de Johnson foi amplamente condenada. Suas políticas de reconstrução foram amargamente opostas no Congresso pelos Radicais, a facção majoritária do partido republicano. As lutas políticas resultantes levaram a uma tentativa infrutífera no Senado dos Estados Unidos de retirar Andrew Johnson do cargo.

18. Ulysses S. Grant (1869-1877)

Partido Republicano | Vice-Presidentes: Schuyler Colfax e Henry Wilson

"Em cada batalha chega um momento em que ambos os lados se consideram derrotados, então vence aquele que continua o ataque".

Desde humilde início, Ulysses S. Grant levantou-se para comandar todos os exércitos da União na Guerra Civil Americana e levá-los à vitória. Tão grande foi sua popularidade que o povo o elegeu duas vezes para a presidência.

Durante a guerra civil, o próprio Hiram Ulysses Grant tomou o comando dos exércitos da União no Leste. Em 4 de maio de 1864, o exército atravessou o rio Rapidan, na Virgínia. Grant esperava passar sem ser molestado pela floresta emaranhada da Selva, mas Lee atacou e o exército de Grant sofreu perdas terríveis. Grant, no entanto, não voltou atrás. "Proponho", disse ele, "lutar nesta linha se isso levar todo o verão".

Mais tarde, Hiram Ulysses Grant foi a Washington para desmantelar o exército. Em 1866 o Congresso reavivou para ele o posto de general pleno, título que não era usado desde que George Washington o tinha ocupado. O salário deu a Grant segurança financeira, e ele se tornou uma figura familiar nas ruas em seu carrinho de bebê, conduzindo um cavalo animado. Os presentes eram derramados sobre ele. Galena e Filadélfia apresentaram-lhe casas. A cidade de Nova York lhe deu 100.000 dólares.

Eleição e a presidência

A Convenção Nacional Republicana em Chicago nomeou por unanimidade Grant para presidente, com Schuyler Colfax de Indiana para vice-presidente.

Em seu discurso inaugural, Hiram Ulysses Grant havia falado da necessidade de repensar a política do governo federal em relação aos nativos americanos. Ele chamou os índios de "ocupantes originais desta terra" e prometeu trabalhar em prol de sua "cidadania final". Grant nomeou Ely S. Parker, um índio Seneca que serviu sob seu comando durante a Guerra Civil, como comissário de Assuntos Indígenas. Parker foi o primeiro indígena americano a ocupar o cargo. Parker implementou os planos de Grant para os índios, o que ficou conhecido como sua Política de Paz.

No verão de 1885 Julia Grant levou seu marido para os Adirondacks perto de Saratoga, Nova Iorque. Lá ele terminou suas Memórias Pessoais cerca de uma semana antes da morte de Hiram Ulysses Grant, em 23 de julho.

19. Rutherford B. Hayes (1877-1881)

Partido Republicano | Vice-presidente: William A. Wheeler

"Um dos testes da civilização das pessoas é o tratamento de seus criminosos".

A eleição presidencial de 1876 entre Rutherford B. Hayes e Samuel Tilden foi a mais amargamente disputada na história dos Estados Unidos. Tanto os democratas quanto os republicanos se acusaram mutuamente de fraude. Só em 2 de março, dois dias antes do término do mandato do presidente Grant, é que a questão foi finalmente resolvida. A comissão eleitoral decidiu a favor do candidato republicano, Hayes.

20. James A. Garfield (1881-1881)

Partido Republicano | Vice-presidente: Chester A. Arthur

"A verdade te libertará, mas primeiro te fará infeliz".

Nascido em uma cabana de troncos, James Abram Garfield surgiu por seus próprios esforços para se tornar um presidente universitário, um grande general na Guerra Civil, um líder no Congresso e, finalmente, presidente dos Estados Unidos. Quatro meses após sua posse, ele foi baleado por um assassino. Após semanas de sofrimento, ele morreu.

21. Chester A. Arthur (1881-1885)

Partido Republicano | Vice-presidente: Nenhum (vago)

"Esteja em forma para mais do que aquilo que você está fazendo agora". Que todos saibam que você tem uma reserva em si mesmo; que você tem mais poder do que você está usando agora".

Na noite de 19 de setembro de 1881, o Vice-Presidente Chester A. Arthur estava em sua casa na 123 Lexington Avenue, na cidade de Nova York. Através das janelas abertas, ele podia ouvir os jornalistas gritando: "O Presidente Garfield está morrendo"! Por volta da meia-noite ele recebeu um telegrama dos membros do Gabinete de James A. Garfield informando-o da morte do presidente e aconselhando-o a fazer o juramento de posse sem demora.

Chester Alan Arthur fez o juramento com firme resolução, mas seu coração estava pesado. Ele sabia que milhões de americanos o consideravam inapto para a presidência dos Estados Unidos.

22 & 24. Grover Cleveland (1885-1889, 1893-1897)

Partido Democrata | Vice-presidente: Thomas A. Hendricks

Grover Cleveland serviu como o 22º e 24º presidente.

"Sei que sou honesto e sincero em meu desejo de fazer bem; mas a questão é se sei o suficiente para realizar o que desejo".

Grover Cleveland foi inabalável em sua oposição à expansão estrangeira. Em 1893, ele retirou do Senado um tratado exigindo a anexação do Havaí. Em 1895, quando os cubanos se revoltaram contra a Espanha, ele se manteve firme na neutralidade. Ele tomou medidas vigorosas, porém, contra a Grã-Bretanha em sua disputa com a Venezuela e conseguiu que a fronteira da Guiana Britânica (hoje Guiana) fosse resolvida por arbitragem.

Quando seu segundo mandato chegou ao fim, o partido de Grover Cleveland rejeitou o padrão ouro e nomeou Bryan. O candidato republicano, William McKinley, venceu a eleição. Cleveland se retirou para Princeton, Nova Jersey, onde comprou uma mansão chamada Westland.

Gradualmente a opinião pública mudou, e os discursos e artigos de Cleveland foram sendo solicitados. Em 1904 ele viu o Partido Democrata declarar pelo padrão de ouro, "estabelecido pela persistência obstinada e vontade indomável de Grover Cleveland". Grover Cleveland morreu em Westland em 24 de junho de 1908, e foi enterrado no antigo cemitério de Princeton. Um monumento nacional na Universidade de Princeton o homenageia.

23. Benjamin Harrison (1889-1893)

Partido Republicano | Vice-presidente: Levi P. Morton

"A oração firma um quando ele está andando em lugares escorregadios - mesmo que as coisas pedidas não sejam dadas".

Quase meio milhão de pessoas ficaram de pé na chuva para assistir à inauguração de Benjamin Harrison em 1889. Esta foi a inauguração do centenário da nação. Apenas 100 anos antes, George Washington havia se tornado o primeiro presidente dos Estados Unidos.

Alguns idosos na multidão se lembraram da inauguração do avô de Benjamin Harrison, William Henry Harrison. "O chapéu do avô cabe no Ben" foi uma canção de campanha republicana. Os cartunistas, porém, gostavam de imaginar o novo presidente com um "chapéu de avô" muito grande demais para ele. Benjamin Harrison era um homem pequeno, com apenas 1,80 m de altura.

O único mandato do Presidente Harrison ficou entre os dois mandatos de Grover Cleveland, um democrata. Cleveland era popular entre o povo, mas impopular entre os líderes políticos. Harrison não era popular com nenhum dos dois. Havia de fato algo de misterioso em sua eleição. Ele era sério e digno, não um político que agitava as mãos e não um líder de homens.

25. William McKinley (1897-1901)

Partido Republicano | Vice-Presidentes: Garret Hobart e Theodore Roosevelt

"Na época da derrota mais sombria, a vitória pode estar mais próxima".

O 25º presidente dos Estados Unidos foi William McKinley. Ele era o líder do país quando, no final do século XIX, tornou-se subitamente uma potência mundial ao fazer aquisições territoriais no exterior após a Guerra Hispano-Americana.

Poucos homens na vida pública foram mais amados pelo povo americano do que McKinley, e poucos tiveram mais amigos dedicados. Não foi por causa de seus atos como presidente ou mesmo por causa de sua trágica morte por um assassino, mas simplesmente porque ele era um dos homens mais gentis, bondosos e atenciosos.

William McKinley era naturalmente sociável e jovial, mas devido à saúde precária de sua esposa, eles levavam uma vida muito tranqüila. Durante os anos na Casa Branca, a diversão se limitava às funções estatais. McKinley geralmente passava suas noites em casa, lendo poesia em voz alta enquanto sua esposa se agachava. Ele não tinha hobbies e nunca, mesmo quando criança, praticava esportes, mas era um companheiro encantador, cheio de diversão e de alto astral.

William McKinley era um homem baixo e estocável. Ele se carregava erecto, em um esforço inconsciente para aumentar sua altura. Alguns dos cartunistas da época pensavam que ele se assemelhava ao imperador francês Napoleão. William McKinley se vestiu com muito cuidado. Um cravo vermelho na botoeira de seu casaco e um colete de linho branco sem manchas eram frescos todos os dias.

26. Theodore Roosevelt (1901-1909)

Partido Republicano | Vice-presidente: Charles W. Fairbanks

"Faça o que puder, com o que você tem, onde você está".

O presidente mais jovem dos Estados Unidos foi Theodore Roosevelt. Ele havia sido vice-presidente sob o comando de William McKinley. Ele chegou ao cargo em 1901, pouco antes de seu 43º aniversário, quando McKinley foi morto por um anarquista. Ele foi eleito por direito próprio em 1904.

Theodore Roosevelt tinha uma energia tremenda e alto astral. Um capitão da polícia de Nova Iorque comentou após sua morte: "Não só era um grande homem, mas, oh, havia tanta diversão em ser liderado por ele". Um editor de jornal nova-iorquino, James Gordon Bennett Jr., disse sobre ele: "Enquanto ele está na vizinhança, o público não pode mais olhar para o outro lado do que o garotinho pode virar a cabeça para longe de um desfile de circo seguido por um calliope a vapor".

27. William Howard Taft (1909-1913)

Partido Republicano | Vice-presidente: James S. Sherman

"Não escreva para que você possa ser compreendido, escreva para que você não possa ser mal compreendido".

O único homem na nação a ocupar seus dois mais altos cargos foi William Howard Taft. Ele foi o 27º presidente dos Estados Unidos e mais tarde (1921-1930) o presidente da Suprema Corte dos Estados Unidos. Nenhum homem estava melhor preparado para estes cargos por longos anos de experiência. Ele estava em cargo público quase continuamente desde 1881.

William Howard Taft foi o primeiro governador civil das Filipinas (1901-1903) e secretário de guerra do Gabinete do Presidente Theodore Roosevelt (1904-1909), apenas dois dos muitos altos cargos que ocupou.

Seu grande tamanho e seu famoso risinho fizeram de Taft uma figura memorável. Tinha 1,5 m de altura, pele clara, olhos azuis claros e cabelos claros. Na época, ele era presidente, pesava 350 libras. William Howard Taft brincava sobre seu volume e não se ofendeu com as piadas dos outros. Pediu para aceitar uma "cadeira de direito" na Universidade de Yale, ele respondeu que o faria se eles pudessem fazer dele um "sofá de direito". As cadeiras eram um problema. Ele sempre "olhava antes de sentar-se" para evitar poltronas ou antiguidades nas quais ele poderia ficar preso ou cair.

Quando William Howard Taft foi governador das Filipinas, ele fez uma viagem às montanhas em benefício de sua saúde. Ele telefonou para o Secretário de Guerra Elihu Root: "Viagem resistida bem. Cavalgou a 25 milhas a 5.000 pés de altitude". Raiz de volta por cabo: "Referindo-se ao seu telegram . . . how o cavalo é o cavalo?"

Seu biógrafo, Henry F. Pringle, descreveu a risada Taft: "Foi, por todas as probabilidades, a risada mais infecciosa da história da política. Começou com um tremor silencioso do amplo estômago do Taft. O sinal seguinte foi uma pausa na leitura de seu discurso, e a propagação de um sorriso lento em seu rosto. Depois veio uma espécie de gole que parecia escapar sem que ele soubesse que o clímax estava próximo. O riso seguiu com força o próprio riso, e o público invariavelmente se juntou a ele".

William Howard Taft tinha uma reputação de preguiça e de adiar as coisas do dia-a-dia que provavelmente era infundada, pois Taft realizou uma grande quantidade de trabalho. Um conversador e contador de histórias brilhante, ele era considerado um anfitrião perfeito.

William Howard Taft gostava de entreter e ser entretido, e muitas vezes jantava em casas particulares, embora os presidentes geralmente não o façam enquanto estão no cargo. Apesar de seu tamanho, ele era um dançarino gracioso e jogava bem tênis. Taft cavalgava a cavalo quase diariamente, era um fervoroso golfista e um fã de beisebol.

28. Woodrow Wilson (1913-1921)

Partido Democrata | Vice-presidente: Thomas R. Marshall

"A amizade é o único cimento que alguma vez manterá o mundo unido".

O presidente que conduziu os Estados Unidos durante os anos difíceis da Primeira Guerra Mundial foi Woodrow Wilson. Ele foi provavelmente o único presidente que foi um brilhante estudante e professor, assim como um estadista. Ele havia sido professor universitário, presidente da Universidade de Princeton, e autor de livros sobre o governo americano.

Woodrow Wilson também tinha sido governador de Nova Jersey. Trabalhou suas crenças políticas na sala de aula. Depois ele entrou na política para colocar em prática suas teorias de governo.

29. Warren G. Harding (1921-1923)

Partido Republicano | Vice-presidente: Calvin Coolidge

"A honestidade é o grande essencial. Ela exalta a cidadania individual e, sem honestidade, nenhum homem merece a confiança do povo na busca privada ou em cargos públicos".

"De volta à normalidade" foi o slogan da campanha de Warren G. Harding, 29º presidente dos Estados Unidos. Os eleitores americanos cansados da guerra de 1920 gostaram tanto da idéia que elegeram esta editora do jornal Ohio por uma pluralidade de 7 milhões de votos.

Warren G. Harding morreu em 2 de agosto de 1923, antes de seu mandato terminar, mas suas políticas conservadoras foram seguidas por outros presidentes republicanos durante a próspera década de 1920.

30. Calvin Coolidge (1923-1929)

Partido Republicano | Vice-presidente: Charles G. Dawes

"Nada no mundo pode tomar o lugar da persistência. Talento não irá; . . O gênio não o fará; . . A educação não o fará; . . Só persistência e determinação são onipotentes".

O sexto vice presidente a se tornar presidente dos Estados Unidos na morte do chefe executivo foi Calvin Coolidge. Ele fez o juramento de posse como 30º presidente às 2h47m, em 3 de agosto de 1923, poucas horas após a morte do Presidente Warren G. Harding.

Eleito para um segundo mandato em 1924, Coolidge foi um presidente popular. Republicano, ele serviu em uma época de rápido crescimento industrial e comercial, altos lucros e aumento dos preços na bolsa de valores, chamado período de "Coolidge prosperidade". Neste dia de riqueza rápida e gastos gratuitos Calvin Coolidge representava as sólidas virtudes ianques da economia, cautela e auto-respeito.

31. Herbert Hoover (1929-1933)

Partido Republicano | Vice-presidente: Charles Curtis

"Seja paciente e calmo; ninguém pode pegar peixe com raiva".

Quando os eleitores dos Estados Unidos elegeram Herbert Hoover 31º presidente em 1928, o país estava desfrutando de um boom industrial e financeiro. Dentro de sete meses após sua tomada de posse, porém, o país foi engolido por uma depressão que varreu o mundo inteiro.

Herbert Hoover concebeu medidas de emergência tanto no campo doméstico quanto no estrangeiro. As condições, no entanto, pioraram constantemente até o final de seu mandato, mais de 12 milhões de pessoas estavam desempregadas. Culpado pelos tempos difíceis, ele foi derrotado nas eleições de 1932.

32. Franklin D. Roosevelt (1933-1945)

Partido Democrata | Vice-Presidentes: John Nance Garner, Henry A. Wallace, e Harry S. Truman

"Nem sempre podemos construir o futuro para nossa juventude, mas podemos construir nossa juventude para o futuro".

Muitos americanos tiveram fortes sentimentos sobre Franklin D. Roosevelt durante seus 12 anos como presidente. Muitos o odiavam. Eles pensavam que ele estava destruindo o país e o estilo de vida americano. A maioria das pessoas o amava. Eles acreditavam que ele era um grande presidente, verdadeiramente interessado nas pessoas.

Franklin D. Roosevelt tornou-se presidente em 1933. Os Estados Unidos estavam então sob uma depressão empresarial mundial. Milhões de pessoas não tinham trabalho e não tinham dinheiro. Roosevelt usou seus poderes para criar empregos e para ajudar aqueles que precisavam de ajuda. Para isso, ele teve que mudar a parte do governo na vida nacional. Para o bem ou para o mal, muitas das idéias de Roosevelt sobre governo ainda fazem parte da lei da terra.

Franklin D. Roosevelt era um grande líder. Durante a Segunda Guerra Mundial, ele foi o verdadeiro comandante-chefe das forças armadas americanas. Ele assumiu o comando do poder industrial do país.

Franklin D. Roosevelt desempenhou um papel importante na criação das Nações Unidas. Em paz e em guerra, ele sempre teve o povo por trás dele. Alguns de seus métodos podem ser questionados, mas seus objetivos eram bons.

33. Harry S. Truman (1945-1953)

Partido Democrata | Vice-presidente: Alben W. Barkley

"Ao ler as vidas de grandes homens, descobri que a primeira vitória que conquistaram foi sobre si mesmos... a autodisciplina com todos eles veio primeiro".

Era o final da tarde de um dia quente de primavera. O vice-presidente Harry S. Truman tinha acabado de ouvir um debate no Senado. Ele recebeu uma mensagem telefônica. Pediu-lhe que chegasse à Casa Branca o mais rápido possível. O Presidente Franklin D. Roosevelt havia morrido em Warm Springs, Geórgia. Naquela noite, 12 de abril de 1945, às 19h09,

Harry S. Truman fez o juramento de posse como o 33º presidente dos Estados Unidos.

Quando terminou de fazer o juramento, o Presidente Truman beijou a Bíblia. Mais tarde, ele disse a vários jornalistas da Casa Branca: "Sinto como se a lua e todas as estrelas e todos os planetas tivessem caído sobre mim". Por favor, rapazes, dêem-me suas orações". Eu preciso muito delas".

O novo presidente enfrentou muitas dificuldades. O fim da Segunda Guerra Mundial estava à vista, mas as forças americanas ainda estavam lutando na Europa e no Pacífico. As pessoas em casa estavam suprindo as necessidades de seus próprios combatentes e ajudando seus Aliados a um custo total de quase 90 bilhões de dólares por ano. Uma bomba atômica havia sido desenvolvida. Era a arma mais poderosa que o mundo já havia conhecido. O Presidente Truman sabia que tinha que decidir se deveria ou não usar a bomba na guerra com o Japão.

A vitória e a paz também trouxeram seus problemas. A nova Administração enfrentou questões de como lidar com as nações derrotadas e de como ajudar os povos recém-libertados. Ela tinha que participar do planejamento de uma organização mundial de nações para impor a paz. Na frente doméstica, havia a gigantesca tarefa de restabelecer a economia da nação em tempo de paz.

34. Dwight D. Eisenhower (1953-1961)

Partido Republicano | Vice-presidente: Richard Nixon

"Nenhum homem vale suas lágrimas, mas uma vez que você encontre uma que o seja, ele não o fará chorar".

Na Segunda Guerra Mundial, o General Dwight D. Eisenhower tornou-se um dos comandantes de maior sucesso na história. Após a guerra, ele contribuiu para sua reputação militar com seu trabalho como chefe de estado-maior do Exército. Mais tarde ele se tornou o primeiro chefe dos exércitos da Organização do Tratado do Atlântico Norte (OTAN). Voltando à política em 1952, Eisenhower provou ser um comandante de sucesso também nesse campo.

Após ganhar a indicação republicana para presidente, ele derrotou esmagadoramente o candidato democrata, Adlai E. Stevenson. Dwight D. Eisenhower tornou-se o 34º presidente dos Estados Unidos e o primeiro presidente republicano em 20 anos.

Durante o primeiro mandato de Eisenhower como presidente, 1953-57, a Guerra da Coréia terminou e os Estados Unidos continuaram a alcançar a maior prosperidade de sua história até aquela época. Em 1956, o partido republicano renomeou Eisenhower por unanimidade para a presidência.

Fazendo campanha em uma plataforma de "paz e prosperidade", Dwight D. Eisenhower derrotou decisivamente o mesmo oponente democrata, Stevenson. Ele obteve mais de 35 milhões de votos populares e 457 votos eleitorais. Stevenson recebeu cerca de 26 milhões de votos populares e 73 votos eleitorais. Richard Nixon foi novamente eleito vice presidente.

35. John F. Kennedy (1961-1963)

Partido Democrata | Vice-presidente: Lyndon B. Johnson

"Aqueles que se atrevem a falhar miseravelmente podem conseguir muito".

Em novembro de 1960, aos 43 anos de idade, John F. Kennedy tornou-se o homem mais jovem já eleito presidente dos Estados Unidos. Theodore Roosevelt havia se tornado presidente aos 42 anos quando o presidente William McKinley foi assassinado, mas ele não foi eleito naquela idade. Em 22 de novembro de 1963, John F. Kennedy foi morto a tiros em Dallas, Texas, o quarto presidente dos Estados Unidos a morrer por uma bala de assassino.

John F. Kennedy foi o primeiro presidente católico romano da nação. Ele foi inaugurado em janeiro de 1961, sucedendo o presidente republicano Dwight D. Eisenhower. Ele derrotou o candidato republicano, Vice-Presidente Richard M. Nixon, por pouco mais de 100.000 votos. Foi uma das eleições mais próximas da história da nação. Embora Kennedy e seu vice vice vice, Lyndon B. Johnson, tenham obtido menos da metade dos mais de 68 milhões de votos expressos, eles ganharam o voto do Colégio Eleitoral. John F. Kennedy tornou-se assim o 14º presidente da minoria.

Por causa da votação apertada, os resultados eleitorais foram contestados em muitos estados. O voto eleitoral oficial foi Kennedy 303, Nixon 219 e o senador Harry F. Byrd da Virgínia 15.

36. Lyndon B. Johnson (1963-1969)

Partido Democrata | Vice-presidente: Hubert Humphrey

"Livros e idéias são as armas mais eficazes contra a intolerância e a ignorância".

Em 22 de novembro de 1963, Lyndon B. Johnson prestou o juramento de posse como 36º presidente dos Estados Unidos. À sua direita estava sua esposa, Lady Bird. À sua esquerda estava Jacqueline Kennedy, pedregosa diante do choque. Menos de duas horas antes, o presidente John F. Kennedy havia morrido em um hospital de Dallas devido às balas de um assassino. Ele tinha sido baleado enquanto andava em uma comitiva pelo centro de Dallas. Johnson, andando em dois carros atrás de Kennedy, não foi ferido.

Como vice-presidente dos Estados Unidos, Lyndon Johnson tornou-se imediatamente presidente. Ele foi o quarto vice-presidente a ser empurrado para o alto cargo da nação pelo assassinato de seu predecessor. A primeira mensagem do novo presidente para a nação, transmitida na noite daquele fatídico dia de sua chegada à Base Aérea de Andrews, perto de Washington, D.C., foi breve. "Farei o meu melhor". Isso é tudo o que posso fazer". Peço a sua ajuda, e a de Deus".

Em 3 de novembro de 1964, os eleitores da nação elegeram Johnson para um mandato completo. Ele derrotou esmagadoramente o senador republicano Barry M. Goldwater, do Arizona. O senador Hubert H. Humphrey, de Minnesota, foi eleito vice presidente. Lyndon B. Johnson chamou sua vitória esmagadora de "uma homenagem ao programa que foi iniciado por nosso amado presidente, John F. Kennedy".

37. Richard Nixon (1969-1974)

Partido Republicano | Vice-Presidentes: Spiro Agnew e Gerald Ford

"Lembre-se sempre, os outros podem odiá-lo, mas aqueles que odeiam você não ganham a menos que você os odeie, e então você se destrói".

O primeiro presidente dos Estados Unidos a renunciar ao cargo foi Richard Nixon. Antes de sua aposentadoria em 1974, ele havia sido apenas o segundo presidente a enfrentar o impeachment.

Em 1968, em um retorno político sem precedentes na história americana, Nixon foi eleito o 37º presidente dos Estados Unidos. Esta vitória se seguiu a duas grandes derrotas políticas. Em sua primeira candidatura à presidência, em 1960, o candidato democrata, John F. Kennedy, o derrotou. Dois anos mais tarde, ele sofreu uma perda esmagadora em sua campanha para o governo de seu estado natal, a Califórnia. Ele então se aposentou temporariamente da política para exercer a advocacia.

Antes da eleição de 1960, a carreira política de Nixon havia sido uma série de sucessos ininterruptos. Ele foi eleito para o Congresso dos Estados Unidos em 1946, entrou no Senado dos Estados Unidos como seu membro mais jovem em 1951, e dois anos depois, aos 39 anos, tornou-se o segundo vice-presidente mais jovem da nação. (O mais jovem era John C. Breckinridge). Richard Nixon serviu dois mandatos sob o comando do republicano Dwight D. Eisenhower.

Em 1969, Richard Nixon foi o primeiro presidente, desde o início do sistema bipartidário, a assumir o cargo deficiente por um Congresso da oposição. Sua magra margem de 73 milhões de votos fez dele o 15º presidente da minoria. Nixon, com 301 votos eleitorais, derrotou o Vice-Presidente Hubert H. Humphrey.

Renominado em 1972, Richard Nixon obteve um recorde de 46 milhões de votos populares e ganhou 49 estados. Embora George McGovern, o candidato democrata, tenha recebido apenas 17 votos eleitorais, os democratas detinham o controle do Congresso. Foi uma vitória esmagadora para Nixon. No entanto, em 1974, seu impeachment parecia inevitável como resultado de escândalos políticos envolvendo sua equipe.

38. Gerald Ford (1974-1977)

Partido Republicano | Vice-presidente: Nelson Rockefeller

"Quanto mais duro você trabalha, mais sortudo você é, e eu trabalhei como o inferno".

Quando Gerald Ford se tornou o 38º presidente dos Estados Unidos em 9 de agosto de 1974, o país teve pela primeira vez em sua história um chefe executivo nomeado. Ele assumiu a liderança do país quando seu predecessor, Richard Nixon, tornou-se o primeiro presidente dos Estados Unidos a renunciar.

Nos dois anos e meio de Gerald Ford como presidente, seu maior desafio foi lidar com a severa recessão do país. No final de 1975, suas políticas cautelosas para limitar os gastos e controlar a inflação pareciam estar trazendo uma melhoria constante para a economia. O desemprego permaneceu elevado, no entanto, e foi em grande parte sobre esta questão que a Ford perdeu as eleições de 1976 para o candidato democrata, Jimmy Carter. O primeiro em exercício desde Herbert Hoover a ser derrotado na presidência, a Ford recebeu 241 votos eleitorais de 27 estados. Carter obteve quase 41 milhões de votos populares, enquanto a Ford obteve 39 milhões.

Gerald Ford era líder minoritário da Câmara dos Deputados dos Estados Unidos quando o Presidente Nixon o designou vice-presidente em 12 de outubro de 1973. O vice-presidente Spiro T. Agnew havia se demitido dois dias antes, depois de não ter contestado uma acusação criminal de evasão ao imposto de renda federal.

Gerald Ford subiu para a vice-presidência sob a 25ª Emenda à Constituição, aprovada em 1967. Ele autoriza o presidente a preencher qualquer vaga no cargo de vice-presidente, sujeito a confirmação por maioria de votos em ambas as casas do Congresso.

Os escândalos da administração Nixon deixaram claro que a Ford poderia ser elevada à presidência. O Congresso o submeteu ao escrutínio mais próximo já feito por um funcionário público. Um inquérito do Bureau Federal de Investigação e audiências abertas no Congresso resultou na confirmação da Ford por uma votação de 92 a 3 no Senado e de 387 a 35 na Câmara. Ele foi empossado em 6 de dezembro de 1973.

Em seus 25 anos como congressista republicano de Grand Rapids, Michigan, Gerald Ford foi indiscutivelmente partidário e conservador em sua política. Sua oposição democrática o respeitava como político, porém, e gostava dele como um homem confiável e despretensioso.

39. Jimmy Carter (1977-1981)

Partido Democrata | Vice-presidente: Walter Mondale

"Devemos nos ajustar aos tempos de mudança e ainda nos agarrar a princípios imutáveis".

Em novembro de 1976, Jimmy Carter foi eleito o 39º presidente dos Estados Unidos. Sua ênfase na moralidade no governo e sua preocupação com o bem-estar social apelou para os eleitores que estavam perturbados pela corrupção no governo e pelos problemas econômicos.

Ao ganhar a presidência, Jimmy Carter e seu candidato à vice-presidência, Walter F. Mondale, de Minnesota, derrotaram o titular republicano, Gerald R. Ford, e seu companheiro de corrida, o senador Robert J. Dole, do Kansas. Carter obteve metade do voto popular e recebeu 297 votos eleitorais de 23 estados e do Distrito de Columbia.

Renominado em 1980, apesar de um forte desafio do Senador Edward Kennedy de Massachusetts, Carter recebeu apenas 49 votos eleitorais de seis estados e do Distrito. Ele perdeu para o candidato republicano, Ronald Reagan, em um deslizamento de terra. Carter havia sido o primeiro homem criado no Sul profundo a ser eleito presidente desde os dias pré Guerra Civil.

40. Ronald Reagan (1981-1989)

Partido Republicano | Vice-presidente: George H. W. Bush

"O maior líder não é necessariamente aquele que faz as maiores coisas". Ele é aquele que leva o povo a fazer as maiores coisas".

Em um deslize eleitoral impressionante, Ronald Reagan foi eleito o 40º presidente dos Estados Unidos em 1980. Um ex-ator conhecido por seu charme popular e confiante facilidade como orador público, o Grande Comunicador, como às vezes era chamado, conquistou os votos de grupos divergentes que tradicionalmente não apoiavam o Partido Republicano. Ele derrotou Jimmy Carter, o presidente democrata em exercício, por um voto eleitoral de 489 a 49. Em 1984, Ronald Reagan foi reeleito com uma votação eleitoral sem precedentes de 525 votos.

Ronald Reagan foi considerado o candidato mais conservador para ganhar o cargo em meio século. Ele era um crítico dos programas de bem-estar social, um defensor de um exército forte, e um zeloso opositor do comunismo. Ele também foi um dos poucos homens a se tornar presidente que não havia passado a maior parte de sua vida na política ou em uma profissão de serviço público intimamente relacionada.

Durante 30 anos, Ronald Reagan foi principalmente um apresentador de rádio, cinema e televisão. Apesar de ter sido ativo em causas políticas, ele não se tornou candidato a um cargo público até meados dos 50 anos de idade.

41. George H. W. Bush (1989-1993)

Partido Republicano | Vice-presidente: Dan Quayle

"Meu tio me ofereceu um emprego em Wall Street. Mas eu queria sair. Fazer uma espécie de coisa".

Depois de servir dois mandatos como vice-presidente sob Ronald Reagan, George H.W. Bush foi eleito o 41º presidente dos Estados Unidos em 1988. Pela primeira vez desde que Martin Van Buren venceu em 1836, um vice-presidente em exercício sucedeu diretamente à presidência através de uma eleição e não através da morte ou renúncia do ocupante.

George H.W. Bush, o indicado republicano, derrotou seu oponente democrata, o governador Michael Dukakis de Massachusetts, com 53% dos votos populares e 426 votos eleitorais.

O evento decisivo da presidência de Bush foi a Guerra do Golfo Pérsico, na qual uma força multinacional liderada pelos Estados Unidos forçou o Iraque a se retirar do Kuwait.

A guerra elevou a popularidade de George H.W. Bush para cerca de 90% no início de 1991, a mais alta já medida para um presidente americano até aquele momento. Entretanto, em meados de 1992, seu índice de popularidade havia caído abaixo de 30% por causa da economia em dificuldade.

George H. W. Bush falhou em sua candidatura à reeleição, perdendo as eleições de 1992 para o democrata Bill Clinton. Bush ganhou apenas 37% dos votos populares, menos do que qualquer outro candidato em exercício desde que William Howard Taft perdeu a presidência em 1912.

42. Bill Clinton (1993-2001)

Partido Democrata | Vice-presidente: Al Gore

"Todos nós fazemos melhor quando trabalhamos juntos. Nossas diferenças são importantes, mas nossa humanidade comum é mais importante".

Enfatizando a mudança e um "novo pacto" entre cidadãos e governo, o Governador Bill Clinton do Arkansas foi eleito o 42º presidente dos Estados Unidos em 1992. Ele foi um dos homens mais jovens e o primeiro democrata desde 1976 a ser eleito para o mais alto cargo do país.

Bill Clinton e seu vice vice presidente, o senador Al Gore do Tennessee, derrotaram o bilhete republicano do presidente George Bush e do vice presidente Dan Quayle. Clinton foi reeleito em 1996, tornando-se o primeiro presidente democrata desde Franklin D. Roosevelt a ser eleito para um segundo mandato completo.

Um presidente popular, Bill Clinton supervisionou a mais longa expansão econômica do país em tempo de paz. Sua presidência foi manchada por escândalos, porém. Em 1998, ele se tornou apenas o segundo presidente dos EUA a ser impugnado. Ele foi absolvido pelo Senado em 1999.

43. George W. Bush (2001-2009)

Partido Republicano | Vice-presidente: Dick Cheney

"Só quero que você saiba que, quando falamos de guerra, estamos realmente falando de paz".

George W. Bush, o filho mais velho do ex-presidente dos Estados Unidos George Bush, emergiu da sombra de seu famoso pai para ser eleito presidente ele mesmo em 2000. Como governador popular do Texas, George W. Bush havia ganho atenção nacional como um chamado "novo republicano" que combinava os valores tradicionais do partido republicano com uma perspectiva social "conservadora compassiva" auto-denominada.

A combinação do carisma de George W. Bush e seu entusiasmo sem limites acabou ajudando-o a vencer as eleições como o 43º executivo principal do país. Com sua vitória, ele tomou seu lugar ao lado de John

Quincy Adams como o segundo filho de um presidente também a servir no cargo.

Para chegar à Casa Branca, porém, Bush teve que vencer uma das eleições presidenciais mais próximas e mais ferozmente disputadas da história dos EUA. O total de votos populares finais colocou Bush e seu companheiro vice-presidencial, o ex-congressista do Wyoming Dick Cheney, atrás do candidato democrata, o vice-presidente Al Gore, e seu companheiro de corrida, o senador Joseph Lieberman de Connecticut, por cerca de 500.000 votos dos mais de 100 milhões de votos expressos.

George W. Bush carregava estados suficientes, no entanto, para lhe dar um total de 271 votos no colégio eleitoral, um a mais do que o número mínimo necessário para assumir a presidência; Gore ficou apenas aquém, com 266 votos eleitorais. Com a vitória republicana - que só foi assegurada após semanas de recontagens e desafios legais - Bush tornou-se o primeiro presidente a ser eleito apesar de perder o voto popular desde 1888, quando Benjamin Harrison derrotou Grover Cleveland. O voto eleitoral foi o mais próximo desde que Rutherford B. Hayes derrotou Samuel J. Tilden por um voto eleitoral em 1876.

George W. Bush e Cheney venceram a reeleição para um segundo mandato em 2004 sobre seus adversários democratas, o senador John Kerry de Massachusetts e o senador John Edwards da Carolina do Norte. A segurança nacional foi uma questão política importante na eleição, que foi a primeira eleição presidencial nos Estados Unidos desde os ataques terroristas de 11 de setembro de 2001.

Com o país quase igualmente dividido em muitas questões, ambos os partidos lutaram por eleições com campanhas especialmente intensas, amargas e caras. George W. Bush e Cheney foram reeleitos com 286 votos eleitorais para os 251 dos Democratas e com uma pequena, mas clara maioria no voto popular.

44. Barack Obama (2009-2017)

Partido Democrata | Vice-presidente: Joe Biden

"A melhor maneira de não se sentir sem esperança é se levantar e fazer algo. Não espere que coisas boas aconteçam com você". Se você sair e fizer algumas coisas boas acontecerem, você encherá o mundo de esperança, você se encherá de esperança".

Em apenas quatro anos, Barack Obama fez uma ascensão improvável da legislatura estatal de Illinois para o mais alto escritório dos Estados Unidos. O primeiro afro-americano a ganhar a presidência, ele fez história com sua estrondosa vitória sobre o republicano John McCain na eleição de 2008.

A eloqüente mensagem de esperança e mudança de Barack Obama atraiu eleitores de todo o país, mesmo em estados que haviam passado décadas sem apoiar um candidato presidencial democrata. Obama e seu vice-presidente, Joe Biden, foram eleitos para um segundo mandato em 2012.

Durante a maior parte de sua presidência, Barack Obama enfrentou teimosa oposição republicana a quase todas as suas propostas. No entanto, ele ajudou a tirar a economia de uma crise histórica e supervisionou a aprovação de uma lei de reforma da saúde que é um marco histórico. Barack Obama também encerrou a impopular Guerra do Iraque e conseguiu avanços diplomáticos com o Irã e Cuba.

45. Donald Trump (2017-2021)

Partido Republicano | Vice-presidente: Mike Pence

"Observe, escute e aprenda. Você não pode saber tudo isso sozinho. Qualquer um que pense que sabe está destinado à mediocridade".

Em uma impressionante crise política, Donald Trump foi eleito o 45º presidente dos Estados Unidos em 2016. Ele fez história como o primeiro candidato a ganhar as eleições para o mais alto cargo do país sem ter experiência política ou militar prévia.

Antes de entrar na política, Donald Trump fez uma fortuna como desenvolvedor imobiliário e ganhou fama como um astro da reality television. Em 2016, seu status de celebridade o ajudou a ganhar a indicação presidencial do Partido Republicano, e nas eleições gerais ele derrotou Hillary Clinton para assumir a presidência. Ele serviu como presidente de 2017 a 2021.

Donald Trump também fez história como o primeiro presidente a ser impugnado duas vezes. Ele foi impugnado em 2019 por duas acusações, abuso de poder e obstrução ao Congresso. Ele foi acusado de ter pressionado a Ucrânia a iniciar investigações sobre os negócios de seu rival político, Joe Biden, e do filho de Biden.

As investigações poderiam ter feito parecer que Biden estava envolvido em um escândalo, prejudicando potencialmente suas chances nas próximas eleições presidenciais. Trump foi ilibado de ambas as acusações em seu julgamento no Senado.

Depois que Donald Trump perdeu a eleição presidencial de 2020 para Biden, Trump insistiu falsamente que tinha havido fraude eleitoral generalizada. Ele e seus aliados procuraram vários caminhos para tentar reverter os resultados da eleição. Trump foi impugnado novamente em 2021, acusado de ter encorajado uma multidão violenta de seus partidários a invadir o Capitólio dos EUA enquanto os resultados da eleição estavam sendo certificados.

46. Joe Biden (2021-agora)

Partido Democrata | Vice-presidente: Kamala Harris

"A verdadeira bravura é quando há muito poucas chances de vencer, mas você continua lutando".

O político democrata Joe Biden tornou-se o 46º presidente dos Estados Unidos em 2021. Ele teve uma longa carreira política. Biden foi um dos senadores mais jovens da história dos Estados Unidos quando assumiu o cargo em 1973. Ao vencer a reeleição seis vezes, ele garantiu a honra de ser o senador mais antigo de Delaware.

Em 2008, Joe Biden foi eleito vice-presidente dos Estados Unidos como candidato a vice presidente de Barack Obama. Biden serviu como vice-presidente de 2009 a 2017. Joe Biden concorreu à presidência em 2020 como o candidato democrata.

Seu Presente

Você tem um livro em suas mãos.

Não é um livro qualquer, é um livro de livros para a imprensa estudantil! Nós escrevemos sobre os heróis negros, a capacitação das mulheres, mitologia, filosofia, história, e outros assuntos interessantes!

Desde que você comprou um livro, queremos que você tenha outro de graça.

Tudo o que você precisa é um endereço de e-mail e a possibilidade de assinar nossa newsletter (o que significa que você pode cancelar a inscrição a qualquer momento).

Então, do que você está esperando? Inscreva-se hoje e reclame seu livro gratuito imediatamente! Tudo o que você precisa fazer é visitar o link abaixo e digitar seu endereço de e-mail. Você receberá o link para baixar a versão em PDF do livro imediatamente para que possa ser lido offline a qualquer momento.

E não se preocupe - não há taxas de captura ou escondidas; apenas um bom brinde à moda antiga de nós aqui na Student Press Books.

Visite este link agora mesmo e inscreva-se para receber seu exemplar gratuito de um de nossos livros!

Link: https://campsite.bio/studentpressbooks

Livros

Nossos livros estão disponíveis em todos os principais revendedores de livros on-line. Confira os pacotes digitais de nossos livros aqui: https://payhip.com/studentPressBooksPTBR

A série de livros História da Negritude

Bem-vindo à série de livros História da Negritude. Conheça negros que são exemplos de conduta com estas biografias inspiradoras sobre negros inovadores da América, África e Europa. Todos nós sabemos que a História da Negritude é importante, mas pode ser difícil encontrar boas fontes.

Muitos de nós estamos familiarizados com uma desconfiança habitual em relação aos livros de cultura e história que apenas apresentam personagens muito populares, mas estes livros também apresentam heróis negros menos conhecidos e heroínas do mundo inteiro cujas histórias merecem ser contadas. Estes livros de biografia o ajudarão a entender melhor como o sofrimento e as ações das pessoas moldaram seus países e comunidades para gerações futuras.

Títulos disponíveis:

1. 21 Heróis Negros Inspiradores: A vida de Realizadores Importantes do século 20: Martin Luther King Jr., Malcolm X, Bob Marley & Outros
2. 21 Heroínas Negras Excepcionais: História de Negras Importantes do Século 20: Daisy Bates, Maya Angelou & Outras

A série de livros Empoderamento Feminino.

Bem-vindo à série de livros Empoderamento Feminino. Aprenda sobre modelos femininos destemidos dos tempos modernos com estas biografias inspiradoras de homens e mulheres inovadoras do mundo inteiro. O empoderamento feminino é um tópico importante que merece mais atenção do que recebe. Durante séculos foi dito às mulheres que seu lugar é no lar, mas isto nunca foi verdade para todas as mulheres ou mesmo para a maioria delas.

As mulheres ainda estão sub representadas nos livros de história e as que são apresentadas tendem a ser relegadas a algumas páginas. No entanto, a história está repleta de histórias de mulheres fortes, inteligentes e independentes que superaram obstáculos e mudaram o curso da história simplesmente porque queriam viver suas próprias vidas.

Estes livros biográficos o inspirarão enquanto também ensinam lições valiosas sobre perseverança e superação de adversidades! Aprenda com estes exemplos que tudo é possível se você trabalhar duro o suficiente para isso!

Títulos disponíveis:

1. 21 Mulheres Excepcionais: A vida de Lutadores pela Liberdade e Rompedoras de Barreiras: Angela Davis, Marie Curie, Jane Goodall & Outras
2. 21 Mulheres Inspiradoras: A Vida de Mulheres Corajosas e Influentes do Século 20: Kamala Harris, Madre Teresa & Mais
3. 21 Mulheres Fantásticas: A Vida Inspiradora de Artistas Criativas do Século 20: Madonna, Yayoi Kusama & Mais
4. 21 Mulheres Incríveis: As Vidas Influentes de Mulheres Ousadas na Ciência do Século 20

A série de livros dos Líderes Mundiais.

Bem-vindo à série de livros dos Líderes Mundiais. Descubra os modelos de conduta reais e presidenciais do Reino Unido, EUA e outros países. Com estas biografias inspiradoras sobre as famílias reais, presidentes e chefes de estado você aprenderá sobre as pessoas corajosas que ousaram liderar, incluindo citações, fotos e fatos raros.

As pessoas são fascinadas pela história e pela política e por aqueles que a moldaram. Estes livros apresentam novas perspectivas sobre a vida de figuras notáveis. Esta série é perfeita para qualquer um que queira aprender mais sobre os grandes líderes de nosso mundo; jovens leitores ambiciosos e adultos que gostam de ler sobre pessoas interessantes.

Títulos disponíveis:

1. Os 11 Membros da Realeza Britânica: A Biografia da Casa de Windsor: Rainha Elizabeth II e Príncipe Philip, Harry e Meghan, e Outros
2. Os 46 Presidentes dos Estados Unidos: Suas Histórias, Conquistas e Legados: De George Washington a Joe Biden
3. Os 46 Presidentes dos Estados Unidos: Suas Histórias, Conquistas e Legados - Edição Estendida

A série de livros de Mitologia Cativante.

Bem-vindo à série de livros de Mitologia Cativante. Conheça os Deuses e Deusas do Egito e da Grécia, as divindades nórdicas e outras criaturas mitológicas.

Quem são estes antigos deuses e deusas? O que sabemos sobre eles? Quem realmente eram? Por que as pessoas os adoravam nos tempos antigos e de onde vinham esses deuses?

Estes livros apresentam novas perspectivas sobre os deuses antigos que inspirarão os leitores a compreender seu lugar na sociedade e aprender sobre a história. Estes livros de mitologia também abordam tópicos que a influenciaram a religião, literatura e arte, através de um formato envolvente com fotos ou ilustrações atraentes.

Títulos disponíveis:

1. Egito Antigo: Um Guia para os Misteriosos Deuses e Deusas Egípcias: Amun-Ra, Osiris, Anubis, Horus & Outros
2. Grécia Antiga: Um Guia dos Deuses Gregos Clássicos, Deusas, Deidades, Titãs e Heróis: Zeus, Poseidon, Apollo & Outros
3. Antigos Contos Nórdicos: Descubra os Deuses, Deusas e Gigantes dos Vikings: Odin, Loki, Thor, Freya & Outros

A série de livros de Teoria Simples.

Bem-vindo à série de livros Teoria Simples. Conheça a Filosofia, as ideias de filósofos antigos e outras teorias interessantes. Estes livros apresentam as biografias e ideias dos filósofos mais populares de lugares como a Grécia antiga e a China.

A filosofia é um assunto complexo e muitas pessoas lutam para entender até mesmo o básico dela. Estes livros são projetados para ajudá-lo a aprender mais sobre filosofia e são originais por causa de sua abordagem simples. Nunca foi tão fácil ou mais divertido obter uma maior compreensão da filosofia do que com estes livros. Além disso, cada livro também inclui perguntas para que você possa se aprofundar em seus próprios pensamentos e opiniões!

Títulos disponíveis:

1. Filosofia Grega: As Vidas e Ideias dos Filósofos da Grécia Antiga : Sócrates, Platão, Pitágoras e outros
2. Ética e Moralidade: Filosofia Moral, Bioética, Desafios Médicos e Filósofos Afins

A série de livros "Empoderamento de Jovens Empreendedores".

Bem-vindo à série de livros "Empoderamento de Jovens Empreendedores". Nunca é cedo demais para jovens ambiciosos iniciarem suas carreiras! Quer você seja um indivíduo de espírito empresarial tentando construir seu próprio império, quer seja um aspirante a empresário começando um longo e sinuoso caminho, estes livros o inspirarão com as histórias de empresários de sucesso.

Aprenda sobre suas vidas e seus fracassos e sucessos que farão você querer ter o controle de sua vida em vez de simplesmente vivê-la!

Títulos disponíveis:

1. 21 Empreendedores Bem-sucedidos: As vidas de realizadores importantes do século 20: Elon Musk, Steve Jobs e Outros
2. 21 Empreendedores Revolucionários: As vidas de empresários incríveis do século 19: Henry Ford, Thomas Edison e outros

A série de livros História Fácil.

Bem-vindo à série de livros História Fácil. Explore vários assuntos históricos desde a idade da pedra até os tempos modernos, mais as ideias e pessoas influentes que viveram ao longo dos tempos.

Estes livros são uma ótima maneira de entusiasmá-lo com a história. As pessoas são muitas vezes desligadas de livros com textos secos e chatos, mas elas adoram histórias de pessoas comuns que fizeram a diferença no mundo. Estes livros lhe dão essa oportunidade enquanto ainda lhe dão informações históricas importantes.

Títulos disponíveis:

1. Primeira Guerra Mundial: A Primeira Guerra Mundial, suas Grandes Batalhas e o Povo e as Forças Envolvidas
2. Segunda Guerra Mundial: A História da Segunda Guerra Mundial, Hitler, Mussolini, Churchill e outros personagens-chave envolvidos
3. O Holocausto: Os nazistas, a Ascensão do antissemitismo, Kristallnacht e os Campos de Concentração Auschwitz & Bergen-Belsen
4. A Revolução Francesa: O Antigo Regime, Napoleão Bonaparte, e as Guerras Revolucionária Francesa, Napoleônica e de Vendée

Nossos livros estão disponíveis em todos os principais revendedores de livros on-line. Confira os pacotes digitais de nossos livros aqui: https://payhip.com/studentPressBooksPTBR

Conclusão

Esperamos que tenham gostado de ler sobre Os 46 Presidentes dos Estados Unidos.

Você aprendeu fatos interessantes sobre os presidentes americanos, incluindo o que eles fizeram antes de se tornar presidente, como cada um serviu como presidente, onde eles estão agora na vida, etc.

Achamos que você adorou aprender sobre esses homens corajosos que ousaram ser presidente dos Estados Unidos.

Esperamos que você tenha adorado aprender sobre alguns dos traços mais importantes que eles possuíam, tais como bravura, inteligência e determinação.

Você já leu este conteúdo educacional? O que você achou? Deixe sua opinião fazendo uma bela resenha deste livro!

Nós amaríamos isso, então, não se esqueça de escrever uma!

www.ingramcontent.com/pod-product-compliance
Ingram Content Group UK Ltd.
Pitfield, Milton Keynes, MK11 3LW, UK
UKHW022015190726
13853UKWH00005B/1944

9 789493 258464